BEI GRIN MACHT SICH IHR WISSEN BEZAHLT

AF136958

- Wir veröffentlichen Ihre Hausarbeit,
  Bachelor- und Masterarbeit

- Ihr eigenes eBook und Buch -
  weltweit in allen wichtigen Shops

- Verdienen Sie an jedem Verkauf

Jetzt bei www.GRIN.com hochladen und kostenlos publizieren

Bibliografische Information der Deutschen Nationalbibliothek:

Die Deutsche Bibliothek verzeichnet diese Publikation in der Deutschen National-
bibliografie; detaillierte bibliografische Daten sind im Internet über http://dnb.d-
nb.de/ abrufbar.

Impressum:

Copyright © 2017 GRIN Verlag
Druck und Bindung: Books on Demand GmbH, Norderstedt Germany
ISBN: 9783346031471

Dieses Buch bei GRIN:

https://www.grin.com/document/499006

Melissa Rohlfs

Tiersymbolik in Franz Kafkas "Forschungen eines Hundes" unter Berücksichtigung des Judentums

GRIN Verlag

GRIN - Your knowledge has value

Der GRIN Verlag publiziert seit 1998 wissenschaftliche Arbeiten von Studenten, Hochschullehrern und anderen Akademikern als eBook und gedrucktes Buch. Die Verlagswebsite www.grin.com ist die ideale Plattform zur Veröffentlichung von Hausarbeiten, Abschlussarbeiten, wissenschaftlichen Aufsätzen, Dissertationen und Fachbüchern.

Besuchen Sie uns im Internet:

http://www.grin.com/

http://www.facebook.com/grincom

http://www.twitter.com/grin_com

Universität Bremen

Aspekte des Jüdischen in Kafkas „Forschungen eines Hundes"

Melissa Rohlfs

Inhaltsverzeichnis

1. Einleitung

2. Forschungen eines Hundes

2.1 Das Verhältnis von Mensch und Tier

2.2 Die Funktion des Hundes

3. Schluss

4. Literaturverzeichnis

1. Einleitung

Tiere haben bereits seit den Anfängen des frühen Mittelalters einen festen Platz in der Literatur gefunden, im Leben der Menschen noch viel früher. So ist es nicht verwunderlich, dass sie immer wieder in Erzählungen und literarischen Werken auftauchen, ohne einen tatsächlichen Einfluss auf das Geschehen der Geschichte zu haben. In den meisten Fällen sind Tiere nur ein Mittel, um eine Geschichte realistischer zu gestalten.

Dass dies aber nicht immer der Fall sein muss, zeigen die vielen Tierfiguren, die in Kafkas Erzählungen auftauchen und im Gegensatz zum "Beiwerk" eine zentrale Rolle einnehmen. Kafka versteht sich darauf, die Charaktere seiner Tierfiguren so zu konzipieren, dass deren Funktion nicht immer auf den ersten Blick erkennbar ist. Er schafft in seinen Werken eine mysteriöse Gegenwelt zum rein Menschlichen, mit denen er es schafft, seine Leserschaft in den Bann zu ziehen. Die gekonnte Mischung aus Fabel und Parabel zeigt den Menschen und seine Arbeit als eine Art Zentrum der Gesellschaft. Mithilfe der Vermenschlichung seiner Tierfiguren und Vertierlichung des Menschen, um den es im Grunde geht, erzielt Kafka seine Wirkung, die er mit einer reinen Menschenfigur so vermutlich nicht hätte erzielen können.

Die vorliegende Arbeit beschäftigt sich mit der Tiersymbolik anhand der Erzählung "Forschungen eines Hundes" unter besonderer Berücksichtigung jüdischer Aspekte, die nicht auf den ersten Blick erkennbar sind. Dazu werde ich zunächst eine kurze Einführung in den Text geben und auf analytische Elemente eingehen, ehe ich mich dann der Beziehung zwischen Mensch und Tier widme. Bevor ich zum Schluss komme, soll der Hund in seiner gesamten Funktion für die Geschichte beleuchtet werden und gibt somit die Antwort nach der Frage, wieso für diese Erzählung ausgerechnet ein Hund als Protagonist und Ich-Erzähler gewählt ist und in seiner Tierhaftigkeit auftritt. Als Vorlage dafür habe ich die Taschenbuchausgabe "Franz Kafka – Beschreibung eines Kampfes – Novellen, Skizzen, Aphorismus aus dem Nachlass" verwendet. Es handelt sich dabei um eine Ausgabe mit gesammelten Werken, herausgegeben von Max Brod und erschienen im Fischer Taschenbuch Verlag im März 1983.

2. Forschungen eines Hundes

Franz Kafkas "Forschungen eines Hundes" ist eine im Jahre 1922 entstandene Erzählungen, die erst nach seinem Tod von Max Brod betitelt und publiziert worden ist, und größtenteils im Hinblick auf intertextuelle, ästhetische oder jüdische Bezüge ausgelegt wurde. Sie berichtet kurz gesagt von der Erkenntnissuche eines Hundes.

In der Erzählung hat es sich ein Hund zur Lebensaufgabe gemacht, seine eigene Hundeschaft zu erforschen, um Antworten auf seine Fragen bezüglich seiner einsamen und isolierten Lebenssituation zu erhalten. Das Tier tritt als Ich-Erzähler auf, dessen Berichterstattungen sich an einen beliebigen und nicht weiter genannten Gesprächspartner richten. Diese Rolle nimmt automatisch der Leser ein.

Der gesamte Text kann in zwei grobe Teilkomplexe unterteilt werden, die sich gegenseitig bedingen. Der erste dieser Komplexe bezieht sich überwiegend auf die Hundeschaft und die Widersprüche, die der Ich-Erzähler schildert und reflektiert, womit er die Wirkung seiner Umwelt und das Leben der Hundegemeinschaft aufzeigt. [1]

Der zweite Komplex thematisiert hingegen die Wahrnehmungen und Beobachtungen des Forscherhundes, die durch seinen stark ausgeprägten Forscherdrang bedingt sind. Dieser Drang treibt den Erzähler auch immer wieder dazu Selbstexperimente bezüglich der Nahrungsbeschaffung durchzuführen, um seine Umwelt und die Einwirkung dieser Umwelt auf ihn selbst besser verstehen zu können.

Zu Beginn erzählt der Hund, dass er inmitten der Hundeschaft leben würde. Dies wird allerdings sofort wieder verneint durch die Äußerung *„Kein Geschöpf lebt meines Wissens so weithin zerstreut wie wir Hunde [..]".* [2]

Er erkennt aber nicht, dass die Hunde nicht aus freien Stücken so zerstreut leben, sondern dass sie den Menschen zugeordnet sind. Ihm scheint ohnehin die eigentliche Hundeschaft nicht wirklich klar zu sein, beziehungsweise sieht er keinen plausiblen Sinn in der Verbindung einzelner Hunde.

---

1 Kristina Jobst.Pawlow, Uexküll, Kafka: Forschungen *mit* Hunden. In: Harald Neumeyer, Wilko Steffens. Kafkas Tiere. In: Forschungen der Deutschen Kafka Gesellschaft. Band Vier. Verlag Königshausen und Neumann GmbH. Würzburg 2015. S. 320

2 Franz Kafka. Beschreibung eines Kampfes, Novelen Skizzen, Aphorismen aus dem Nachlass. Herausgegeben von Max Brod. Fischer Taschenbuch Verlag. 1983, Frankfurt. S. 181

Der Forscherhund erinnert sich daraufhin an seine Jugend, in der er eine Begegnung mit sieben Musikerhunden gemacht hat, die ihn zunächst sehr beeindruckt haben.

> "– traten aus irgendwelcher Finsternis unter Hervorbringung eines entsetzlichen Lärms, wie ich ihn noch nie gehört hatte, sieben Hunde ans Licht."[3]

Ihm fällt allerdings relativ schnell auf, dass sie sich gegen die Hundenatur verhalten und ihn somit eher verschrecken und verstören, sodass er sich immer mehr von den anderen Hunden entfernt. Er hatte sich bereits vor seinen Mithunden durch das stetige Suchen und Fragen beziehungsweise durch seine Forschungen ausgezeichnet und war auch selbst "in Vorahnung großer Dinge" lange durch die oben genannte Finsternis gelaufen. Die Musikerhunde erinnern sowohl in ihrer Gestalt und ihren charakterlichen Zügen an eine frühere Traumvision des Autors von windhundartigen Eseln, die des aufrechten Gangs mächtig waren.[4]

Diese Stelle kann ebenfalls als eine Art Emanzipation der jüdischen Gesellschaft gelesen werden. Die Hunde, die sich aufstellen, plötzlich auf zwei Beinen stehen und in der Lage sind zu laufen, stellen hier möglicherweise die Juden dar, die sich vergeblich gegen die antisemitischen Ansichten der Gesellschaft stellen und versuchen sich aus ihrer "Zwangslage" zu befreien, indem sie sich dagegen wehren:

> "...Und wieder wurde man entlassen, weil man schon zu erschöpft, zu vernichtet, zu schwach war, um noch zu hören, man wurde entlassen und sah die sieben kleinen Hunde ihre Prozessionen führen, ihre Sprünge tun, man wollte sie, so ablehnend sie aussahen, anrufen, um Belehrung bitten, sie fragen, was sie denn hier machten –..."[5]

Auch taucht hiermöglicherweise versteckt ein religiöses Element auf, wenn auch nur unbewusst: Es handelt sich um genau sieben Hunde, die dem Ich-Erzähler begegnen. So hat ebenfalls der erste Satz im ersten Buch Mose sieben Wörter, es gab sieben Tage zur vollkommenen Erschaffung der Welt und laut Bibel wird am siebten Tag geruht.

Ein Aspekt, der den Hund sehr intensiv beschäftigt, ist zudem die Frage nach der

3

---

3   Franz Kafka. Beschreibung eines Kampfes. Forschungen eines Hundes. S. 182
4   Karl-Heinz Fingerhut: Die Funktion der Tierfiguren im Werke Kafkas. Offene Erzählgerüste und Figurenspiele. In Abhandlungen zur Kunst-, Musik- und Literaturwissenschaft Band 89. H.Bouvier u. Co Verlag. Bonn 1969. S. 152
5   Franz Kafka. Beschreibung eines Kampfes Forschungen eines Hundes. S. 184

Nahrungsbeschaffung. Um zu ergründen, woher die Nahrung kommt und welches Wesen dafür zuständig ist, hungert das Tier, findet aber dennoch keine plausible Antwort auf die Frage "Woher nimmt die Erde diese Nahrung?".[6]

> *"Das ist nun, wenn man will, natürlich keine einfache Frage, sie beschäftigt uns seit Urzeiten, sie ist der Hauptgegenstand unseres Nachdenkens, zahllos sind die Beobachtungen und Versuche und Ansichten auf diesem Gebiete, es ist eine Wissenschaft geworden, die in ihren ungeheuren Ausmaßen nicht nur über die Fassungskraft des einzelnen, sondern über jene aller Gelehrten insgesamt geht und ausschließlich von niemandem anderen als von der gesamten Hundeschaft und selbst von dieser nur seufzend und nicht ganz vollständig getragen werden kann, immer wieder abbröckelt in altem, längst besessenem Gut und mühselig ergänzt werden muß, von den Schwierigkeiten und kaum zu erfüllenden Voraussetzungen meiner Forschung ganz zu schweigen."[7]*

Wie bekannt ist, gibt es im Judentum eine strenge Vorschrift, was die Nahrungsaufnahme und Speisen betrifft. All diese Fragen sind religiöser Natur und beschäftigten verschiedene Gelehrte über viele Epochen hinweg. Genau diese Fragen sind das, was der Hund in seinem Leben aufgreift und es als Forschungsfeld der Hundeschaft über Generationen hinweg hinterfragt. Er fordert von der eigenen Gesellschaft, aus diesem Zögern auszutreten und nicht alles einfach hinzunehmen, was kommt. Seine Flut an Fragen zum Thema Nahrung wird von den anderen Tieren in der Hundeschaft weder beantwortet, noch ernsthaft zur Kenntnis genommen, wodurch er sich immer mehr von dieser isoliert. Er unternimmt daraufhin einen Selbstversuch und versucht durch striktes Hungern, das fast zum Tode führt, Antworten auf seine Fragen zu finden.

Er philosophiert weiter einige Passagen über seine eigene Person, die ihm als tiefgründig und einzigartig erscheint, und stellt sich die Frage, ob es noch andere seiner Art gibt. Nachdem er an diesem Punkt seiner Forschung aber nicht weiter kommt, befasst er sich mit dem Phänomen der sogenannten Lufthunde, die sich entgegen ihrer Natur kaum auf dem Boden bewegen, sondern meistens in der Luft zu schweben scheinen. Bei dieser Art der Hunde scheint es sich um kleine Wesen zu handeln, die auf dem Schoß des Menschen sitzen, die der Forscherhund nicht registrieren kann.

---

6 Franz Kafka. Beschreibung eines Kampfes Forschungen eines Hundes. S. 189
7 Franz Kafka. Beschreibung eines Kampfes Forschungen eines Hundes. S. 187 f.

Er selbst habe diese Hunde noch nie gesehen, ist sich deren Existenz aber durchaus bewusst.

Das Dasein der Lufthunde, die keinen wirklichen Zweck und keine Funktion, im Leben zu haben scheinen und die sich mit nichts anderem beschäftigen als andere Hunde und das Leben von einem erhöhten Standpunkt aus zu betrachten, können als eine Art Chiffre des "schönen Scheins" betrachtet werden.[8] Interpretativ können die Lufthunde hingegen auch philosophisch betrachtet werden. Diese Art der Hunde lebt höher als die gewöhnlichen Rassen, die sonst auf der Erde existieren, und hat so einen weiteren Horizont und größere Einsichten als ihre Artgenossen. Sie können somit auch als die Klasse der Künstler, Philosophen und Denker verstanden werden. Dem Forscherhund sind sie suspekt, denn laut ihm leisten sie keine körperliche Arbeit, sind nicht produktiv, werden aber trotzdem von der Gesellschaft ausgehalten. Auch für den Ich-Erzähler sind sie auf philosophischer Ebene wertlos und nicht in der Lage etwas Sinnvolles zur Wissenschaft beizutragen.[9]

Die Darstellung der Lufthunde in diesem Abschnitt zeigt ebenfalls auf metaphorische Weise die antisemitische Sicht der Gesellschaft auf die Juden. Sie arbeiten nicht, sie ruhen nur:

> *„Ich denke hier am liebsten an das Beispiel der Lufthunde. Als ich zum ersten Mal von einem hörte, lachte ich, ließ es mir auf keine Weise einreden. Wie? Es sollte einen Hund von allerkleinster Art geben, nicht viel größer als mein Kopf, auch im hohen Alter nicht größer, und dieser Hund, natürlich schwächlich, dem Anschein nach ein künstliches, unreifes, übersorgfältig frisiertes Gebilde, unfähig, einen ehrlichen Sprung zu tun, dieser Hund sollte, wie man erzählte, meistens hoch in der Luft sich fortbewegen, dabei aber keine sichtbare Arbeit machen, sondern ruhen."[10]*

Betrachtet man diesen Abschnitt mit Bezug auf das Jüdische, wird deutlich, dass die Passage alle Klischees über die Juden in sich vereint, aber nie ein Mensch so einen Juden je gesehen hat. Diese Klischees schweben praktisch nur in der Luft. Es wird sogar direkt die Unsinnigkeit dieser Existenz angesprochen, was noch einmal verdeutlicht, dass die

5

---

8 Die Funktion der Tierfiguren im Werke Franz Kafkas. S. 153
9 Franz Kafka. Beschreibung eines Kampfes. Forschungen eines Hundes. S. 196
10 Franz Kafka. Beschreibung eines Kampfes. Forschungen eines Hundes. S. 194

Existenz dieser jüdischen Menschen so nicht bewiesen werden kann.

„Dann aber sah ich die Musikerhunde, und von der Zeit an hielt ich es für möglich, kein Vorurteil beschränkte meine Fassungskraft, den unsinnigsten Gerüchten ging ich nach, verfolgte sie, soweit ich konnte, das Unsinnigste erschien mir in diesem unsinnigen Leben wahrscheinlicher als das Sinnvolle und für meine Forschung besonders ergiebig."[11]

Durch das Bild des „Schwebens in der Luft" wird ein selbstverständlicher Teil der Auseinandersetzung mit der jüdischen Identität aufgezeigt. Es gibt zwar unterschiedliche Aufladungen des Begriffs, die hier berücksichtigt werden müssen aber es gilt trotzdem als Versuch, diese Lufthunde oder Luftmenschen zusammenzuführen zu einem neuen jüdischen Staat.

Der bereits genannte tiefsinnige Charakter des Forscherhundes zeigt sich dann in seinen Gedanken bezüglich der ursprünglichen Geschichte seinesgleichen, die wohl nur die vorherigen Generationen hätten beantworten können. Sie aber hätten das Hundeleben so sehr genossen, dass sie es nicht für wichtig gehalten haben, einen anderen Weg einzuschlagen. Damit haben sie aus Sicht des Tieres auch den Lebensweg und das schweigsame Wesen aller nachfolgenden Generationen verschuldet. Das veranlasst ihn dazu zu dem Schluss zu kommen, dass seine Forschung und die Anstrengung, die er dafür betrieben hat, hoffnungslos und nur auf die "Zeugenschaft" ausgerichtet ist.
Besonders deutlich wird die Schuldzuweisung als der Forscherhund von der "Last der Jahrhunderte" spricht:

"Ich sehe nur Verfall, wobei ich aber nicht meine, daß frühere Generationen im Wesen besser waren, sie waren nur jünger, das war ihr großer Vorzug, ihr Gedächtnis war noch nicht so überlastet wie das heutige, es war noch leichter, sie zum Sprechen zu bringen, und wenn es auch niemandem gelungen ist, die Möglichkeit war größer, diese größere Möglichkeit ist ja das, was uns beim Anhören jener alten, doch eigentlich einfältigen Geschichten so erregt. Hie und da hören wir ein andeutendes Wort und möchten fast aufspringen, fühlten wir nicht die Last der Jahrhunderte auf uns."[12]

6

---

11 Franz Kafka. Beschreibung eines Kampfes Forschungen eines Hundes. S. 195
12 Franz Kafka. Beschreibung eines Kampfes Forschungen eines Hundes. S. 199 f.

Seine Generation spürt, warum sich nichts ändert. Sie spürt die Last der Jahrhunderte und die Last der gesellschaftichen Geschichte, die auf ihn drückt und ihm die Möglichkeit nimmt zu sprechen und davon abhält zu forschen. Die Situation, die er hier beschreibt, aus der es aber an sich keinen Ausweg gibt, kann man als Form der Auseinandersetzung der jüdischen Identität des frühen 20. Jahrhunderts lesen. Dass Generationen es nicht vollerds geschafft haben, sich aus diesen Zwängen und Situationen zu befreien, wird hier mit dem Begriff der Last der Jahrhunderte treffend aufgegriffen und wird noch einmal verdeutlicht, als der Ich-Erzähler seinen Urvätern ganz bewusst die Schuld an seiner Situation gibt, sie aber im gleichen Moment wiederum in Schutz nimmt.

> *"Drohend erschienen mir meine Urväter. Ich halte sie zwar, wenn ich es auch öffentlich nicht zu sagen wage, für schuld an allem, sie haben das Hundeleben verschuldet, und ich konnte also ihren Drohungen leicht mit Gegendrohungen antworten, aber vor ihrem Wissen beuge ich mich, es kam aus Quellen, die wir nicht mehr kennen, deshalb würde ich auch, so sehr es mich gegen sie anzukämpfen drängt, niemals ihre Gesetze geradezu überschreiten [...]"*[13]

Prägnant ist in dieser gesamten Erzählung auch der Aspekt des nicht vorhandenen Zusammenhalts und der Sehnsucht nach diesem. Das Streben nach der Gesellschaft, wie auch im Judentum zu verzeichnen ist, wird hier bildlich mithilfe des Forscherhundes dargestellt.

> *"...zurück auf die Sehnsucht nach dem größten Glück, dessen wir fähig sind, dem warmen Beisammensein..."*[14]

Das Beisammensein kann als Metapher für das Beisammensein und Zusammensitzen in der Gemeinschaft in der Synagoge, trotz des Aspekts der Diaspora und der Zerstreuung der gesamten jüdischen Gemeinschaft, gelesen werden. Es ist hier quasi die Rede von einer Verdeckung der totalen Zersplitterung der Gesellschaft und der vollkommenen Isolierung des einzelnen Individuums.[15]

Die Erschöpfung nach den unzähligen Versuchen endlich dazuzugehören scheitern

7

---

13 Franz Kafka. Beschreibung eines Kampfes Forschungen eines Hundes. S. 209
14 Franz Kafka. Beschreibung eines Kampfes Forschungen eines Hundes. S. 181
15 Fingerhut. Die Funktion der Tierfiguren im Werke Franz Kafkas S. 184

immer wieder, genau wie die jüdische Kultur immer wieder versucht hat, den Weg in die Gesellschaft zu finden. Das Tier hadert hier mit sich selbst, weil es versucht die Assimilation der Gesellschaft eigentlich zu ignorieren und sich davon freizumachen, was ihm aber nicht gelingt.

Fingerhut sagt dazu

> *"Das Paradoxe der Situation des Forscherhundes besteht in dem tragischen Konflikt, dass er, um einem Daseinsgesetz folgen zu können, gegen das andere verstoßen muss [...]"*[16]

Das beschriebene gescheiterte Forscherleben des Ich-Erzählers und die ausweglose Situation stehen, wie bereits des Öfteren erwähnt, jedoch nur beispielhaft für die Hundeschaft. Genau wie das Forschen, das Reflektieren des Erlebten und das Experimentieren für den Hund keine schlüssigen Ergebnisse liefert, so ist auch das gesamte Erkenntnisstreben der Hundeschaft im Allgemeinen wenig erfolgreich:

> *„Aber was wollen denn die Fragen, ich bin ja mit ihnen gescheitert, wahrscheinlich sind meine Genossen viel klüger als ich und wenden ganz andere vortreffliche Mittel an, um dieses Leben zu ertragen, Mittel freilich, die, wie ich aus eigenem hinzufüge, vielleicht ihnen zur Not helfen, beruhigen, einschläfern, artverwandelnd wirken, aber in der Allgemeinheit ebenso ohnmächtig sind, wie die meinen, denn, soviel ich auch ausschaue, einen Erfolg sehe ich nicht. Ich fürchte, an allem anderen werde ich meine Artgenossen eher erkennen als am Erfolg."*[17]

Betrachtet man diese Aussage aus menschlicher Sicht, so wird deutlich, dass das Bestreben des Menschen, beziehungsweise des Juden im Speziellen, den eigentlichen Sinn des Lebens und den Ausweg aus der eigenen Lebenslage zu ergründen, ihn einer hilfreichen Antwort nicht im Geringsten näher gebracht hat. Es ist in Kafkas "Forschungen eines Hundes" die Rede von "Urzeiten". Er strebt bereits "seit Urzeiten" stetig danach, sich selbst und seine Umwelt zu erforschen und in gewisser Weise auch zu verstehen. Dazu bezieht sich der Ich-Erzähler immer wieder auf die Wissenschaft, die ihm als Quelle seiner Selbsterkenntnis dient. Der Ich-Erzähler bedient sich aber nicht ausschließlich der Wissenschaft, um eine Erklärung für sein Dasein und dessen Sinn zu

---

16 Fingerhut. Die Funktion der Tierfiguren im Werke Franz Kafkas. S.220
17 Franz Kafka. Beschreibung eines Kampfes Forschungen eines Hundes. S. 196

finden; es tauchen ebenfalls immer wieder Aspekte der Philosophie auf, die sich sowohl in Form der schwebenden Lufthunde als auch in Form der Musikerhunde zeigen.

Die Erzählung endet mit einem Bezug auf die Problematik der Willensfreiheit:

> *"Die Freiheit! Freilich, die Freiheit, wie sie heute möglich ist, ist ein kümmerliches Gewächs. Aber immerhin Freiheit, immerhin ein Besitz.-"* [18]

Die ständigen Versuche sein Unterbewusstsein beziehungsweise seinen Lufthunger zufrieden zu stellen stet durchweg in Konflikt mit seinem starken Wunsch nach Freiheit. Diese für den Forscherhund nicht erreichbare Freiheit erstreckt sich bis in den Tod, was sowohl auf den Menschen als auch auf das Tier bezogen werden kann. Es wird deutlich, dass beide eine ähnliche körperliche Verwandtschaft aufweisen, die an dieser Stelle als non-human und human-animals bezeichnet werden kann. [19]

2.1. Das Verhältnis Mensch und Tier

Wenn man jetzt einen genaueren Blick auf die Beziehung zwischen dem Hund und seinem Gegenüber wirft, kann man sagen, dass der Hund einem unbekannten Zuhörer von Zuständen in der Welt der Hunde berichtet, die jedem ihrer einzelnen Mitglieder selbstverständlich sind, also gar keine Erwähnung oder Erklärungsanspruch bedürften. [20]
Der Zuhörer findet sich also unmittelbar als Gesprächspartner mit einer ihm fremden Welt konfrontiert, in der die Kategorien der eigenen zwar noch in abgewandelter Form vorhanden sind, allerdings auf eine ganz andere Art und Weise wirksam sind. [21] Kafka verwendet hier prinzipiell eine für ihn typische Methode, mit der er die vereinfachende und verzerrende Spiegelung von Teilen der menschlichen Realität im Medium begrenzter und beschränkter Figuren und Charaktere einsetzt, wodurch es dem Leser

9

---

18 Franz Kafka. Beschreibung eines Kampfes Forschungen eines Hundes S. 215
19 Jolea Jacobs. „Waren etwa doch nicht Hunde? Aber wie sollten es denn nicht Hunde sein? Kommunikations, Epistemologie und Willensfreiheit in Kafkas „Forschungen eines Hundes. In: Harald Neumeyer, Wilko Steffens. Kafkas Tiere. In: Forschungen der Deutschen Kafka Gesellschaft. Band Vier. Verlag Königshausen und Neumann GmbH. Würzburg 2015. S.303
20 Fingerhut. Die Funktion der Tierfiguren im Werke Franz Kafkas S. 181
21 Fingerhut. Die Funktion der Tierfiguren im Werke Franz Kafkas S. 181

möglich ist, freie Rückschlüsse auf die eigene Realität zu ziehen.[22] Dies wird dadurch verstärkt, dass das Denken, Sprechen und Erzählen des Forscherhundes in diesem Text als eindeutig menschliche Eigenschaften ausgestellt wird.

Es geht Kafka in seiner Erzählung Forschungen eines Hundes aber weit weniger darum, die Strukturen der zwei Welten herauszuarbeiten. Er baut vielmehr eine groteske und verzerrt fiktive Welt auf, die der Lebenswelt des Menschen nur noch in Trümmern ähnelt.[23] Diese groteske Auswirkung wird noch verstärkt durch die Aufhebung der Grenze zwischen Geist und Körper, indem Kafka seinem Hund einen menschlichen Charakter zuteilt.[24] Die Übernahme vieler "realer" Bausteine ist somit ein Schritt über die eigentliche Wirklichkeit hinaus.[25] Der Leser wird bewusst irregeführt und erhält den Eindruck, er befinde sich in einer ihm bekannten Welt und könne sein eigenes Wissen über die reale Welt in die der künstlerischen Welt übertragen. Es entsteht eine Art Labyrinth aus befremdlichen und fremden Strukturen, die sich dem Leser nicht sofort erschließen und ihn quasi in ein "phantastisches Chaos"[26] leitet. So ist es auch nicht verwunderlich, dass der Mensch in dieser Erzählung keine zentrale Rolle einnimmt.

Während der Ich-Erzähler über die Gründe für sein Scheitern nur spekulieren kann, ist es dem Leser hingegen möglich, aus den Berichten des Erzählers die Gründe für dessen Misserfolg zu erkennen: wie bereits erwähnt wir sowohl das Leben des Erzählers als auch das Leben der gesamten Hundeschaft vom Menschen bestimmt. Der Hund in Kafkas Erzählung ist im Gegensatz zu seinen realen Artgenossen nicht in der Lage die Menschen wahrzunehmen und ihre damit einhergehende Macht zu erkennen.[27] Damit einher geht ein stetig anhaltendes Leben im Geheimnisvollen und Unverständlichen, sobald ein Mensch auf dieses Leben Einfluss nimmt. Statt die Ursachen zu erkennen, besteht die Tätigkeit des Hundes also nur darin, die Auswirkungen der Menschenwelt auf sich und die Hundeschaft zu beobachten und anschließend den Versuch zu starten, diese zu deuten und zu erklären. Daher ist es unmöglich für den Erzähler eindeutige Erklärungen zu den ihm unbekannten Phänomenen zu finden und seine Forschung wird

---

22 Fingerhut. Die Funktion der Tierfiguren im Werke Franz Kafkas S. 182
23 Fingerhut. Die Funktion der Tierfiguren im Werke Franz Kafkas S 182
24 Fingerhut. Die Funktion der Tierfiguren im Werke Franz Kafkas S. 87
25 Fingerhut. Die Funktion der Tierfiguren im Werke Franz Kafkas S. 74
26 Fingerhut. Die Funktion der Tierfiguren im Werke Franz Kafkas S. 87
27 http://www.patrick-kuebler.de/essays/forschungen.php

automatisch ergebnislos bleiben. Denn die Quelle dieser Phänomene, der Mensch, bleibt ihm weiterhin verborgen. Sein ganzes Leben lang versucht der Erzähler also durch zahlreiche wohldurchdachte Experimente, eine Erklärung für jegliche Art der Widersprüche zu finden. Er sucht dabei nach Regeln oder Gesetzmäßigkeiten, kommt aber zu keinem Ergebnis. Ein Beleg für die These, dass Hund und Mensch, beziehungsweise Hund und Leser, in einer engen Beziehung zueinanderstehen, auch wenn der Erzähler es selbst zunächst nicht so sieht.

Ein Beleg für diese These findet sich zu Beginn der Erzählung, wo der Erzähler das Verhältnis der Hundeschaft zu den übrigen Lebewesen beschreibt:

> *„Es gibt außer uns Hunden vielerlei Arten von Geschöpfen ringsumher, arme, geringe, stumme nur auf gewisse Schreie eingeschränkte Wesen, viele unter uns studieren sie, haben ihnen Namen gegeben, suchen ihnen zu helfen , sie zu erziehen, zu veredeln und dergleichen."[28]*

In dieser Passage findet der Leser in gewisser Weise die Selbsteinschätzung des Menschen in Bezug zur übrigen Schöpfung vorgehalten.

Die Hunde verstehen sich zudem als die Form von Lebewesen, die bezüglich der Entwicklung am höchsten stehen und bilden somit eine Art Gleichnis mit dem Menschen, der sich als die „Krone der Schöpfung" ansieht und die ihm unterlegenen Lebewesen und Individuen klassifiziert und erforscht. Die Hunde repräsentieren in Kafkas „Forschungen eines Hundes" somit den Menschen, was wiederum erklärt, wieso sie nicht in der Lage sind, Personen zu erkennen und stattdessen nur ihm untergeordnete Lebewesen wahrnehmen können. Kafka hält dem Leser hier eine Art Spiegel vor, indem er die Situation des Menschen auf eine tiefere Ebene, auf die des Hundes, überträgt. Die Dummheit des Menschen wird ihm selbst vor Augen geführt und macht das Erkenntnisstreben des Menschen in gewisser Weise lächerlich.

2.2. Die Funktion des Hundes

Hunde eignen sich bereits seit jeher dazu, Kritik am Menschen zu üben. Bereits

---

28 Franz Kafka. Beschreibung eines Kampfes Forschungen eines Hundes. S. 181

Diogenes von Sinope wurde von seinen Mitmenschen als Hund bezeichnet, weil er immer wieder unablässig kritische Fragen stellte. [29]

Wilhelm Emrich sieht die tierischen Figuren Kafkas als eine Art Erzeuger einer gewissen Sphäre und Stimmung. Sie vertreten das verdrängte, ursprüngliche „Ich" des Menschen, dessen er sich nicht (mehr) bewusst ist. Daher dienen die Tiere dem Autor dazu, die Verbindung des „Universellen" mit dem „wahren Selbst" darzustellen. [30] Die große Anzahl der Hunderassen, die auf der einen Seite verschiedenartige und fremdartige Gewohnheiten pflegen, auf der anderen Seite aber der menschlichen Welt am nahesten stehen, lassen gerade dieses Tier am geeignetsten erscheinen, um mannigfaltige Anspielungen auf das Menschliche zu verdeutlichen. [31] Auch kann das Tier im Erlebnisprozess ein Zeichen für Kafkas innere Befindlichkeit verstanden werden und zur Charakterisierung seiner seelischen Lage herangezogen werden. Die Demonstration der mehr oder weniger totalen Einsamkeit des Ich-Erzählers innerhalb der Menschen- und Tiergemeinschaft nimmt hier eine der zentralen Rollen ein. Es ist ein Tier, das in dieser Erzählung außerhalb der Welt zu stehen scheint. Sowohl zu den Menschen, die er nicht einmal wahrnimmt, hat er keinen Bezug, genauso wie er auch keinen Bezug zu seinen Artgenossen hat, da er sich bewusst oder unbewusst aus der Hundeschaft heraushält. Er wird damit automatisch zu einem Lebewesen, das sich indirekt auch dem Paria-Dasein zuordnen lässt, auch wenn es nicht direkt als Außenseiter angesehen wird. Vielmehr versteht und macht sich der Hund selbst zu einem Außenseiter. [32] Dies wird bereits deutlich, wenn der Ich-Erzähler die Musikerhunde erwähnt und untersucht. Die Vision dieser ihm unbekannten Hundeart beraubt ihn seiner bisherigen Weltanschauung und reißt ihn somit immer weiter aus der Gesellschaft heraus, wodurch er sich stets abseits des eigentlichen Lebens befindet. [33] Zu finden ist dieser Paria-Charakter auch in anderen

12

---

29 Jolea Jacobs. „Waren etwa doch nicht Hunde? Aber wie sollten sie es denn nicht Hunde sein? Kommunikations, Epistemologie und Willensfreiheit in Kafkas „Forschungen eines Hundes. In: Harald Neumeyer, Wilko Steffens. Kafkas Tiere. In: Forschungen der Deutschen Kafka Gesellschaft. Band Vier. Verlag Königshausen und Neumann GmbH. Würzburg 2015. S.296

30 Wilhelm Emrich: Franz Kafka. Dritte Auflage. Athenäum Verlag. Frankfurt am Main. 1964. S. 115

31 Fingerhut. Die Funktion der Tierfiguren im Werke Franz Kafkas S. 186

32 Fingerhut. Die Funktion der Tierfiguren im Werke Franz Kafkas S. 116: Zwar ist hier das Beispiel der Novelle „Die Verwandlung" von Kafka verwendet, ein Vergleich erschien mir mit „Forschungen eines Hundes" in abgewandelter Form aber durchaus als plausibel.

33 Fingerhut. Die Funktion der Tierfiguren im Werke Franz Kafkas S. 153

Werken Kafkas, beispielsweise in "Der Bau" und "Die Verwandlung". Ebenfalls das dachsähnliche Tier schottet sich in seinem Bau mit seinen unzähligen Gängen und Kammern von seiner Außenwelt und der Gesellschaft ab. Gregor Samsa verbarrikadiert sich in seinem Zimmer und wendet sich komplett von seiner Familie und anderen Menschen ab, nachdem er sich in einen Käfer verwandelt hat. Sie haben beide die Einsamkeit selbst gewählt und somit auch den Endpunkt einer Flucht aus der Welt selbst bestimmt.[34]

Die konkrete Darstellung von Hunden taucht in mehreren Kafka-Erzählungen auf. So sagt Fingerhut in seinem Buch "Die Funktionen der Tiere im Werke Franz Kafkas", dass die Verwendung dieses Tieres in der alten jüdischen Formel der Selbsterniedrigung "Ich-Hund"[35] diese stete Wiederholung bedingt. Er verwendet sie, so Fingerhut, zur bewussten Selbstdemütigung, vor allem in Bezug auf seine Pläne und Aufgaben als Schriftsteller.[36] Somit ist hier auch die Stimmung der menschlichen Person primär. Das Bild des Tieres ist ein Sinnbild bereits erlebnismäßiger Erfahrungen, das wiederum für die innere gegenwärtige Situation des eigenen Ichs fungiert.[37] Das Bewusstsein einer Schuld, die nicht vermieden werden kann oder konnte und das allgemeine Unbehagen gegenüber der eigenen Person führen immer mehr zum Wunsch nach Verantwortungslosigkeit, dem Vergessen der Schuld und zur eigentlichen Schuldlosigkeit.[38]

Eine genauere Betrachtung des Forscherhundes zeigt, dass seine äußere Gestalt eine rein tierhafte ist. Sein inneres Wesen ist allerdings von einem menschlichen Verstand geprägt, der Rückschlüsse ziehen kann, jedoch weniger von der Willensfreiheit, als von der triebhaften Determiniertheit eines Tieres gekennzeichnet ist.

Interessant ist an dieser Stelle noch einmal, dass Hunde keine typischen jüdischen Tiere waren. In Forschungen eines Hundes ist eher eine Verschmelzung vom Jüdischen und Deutschen zu verzeichnen. Fingerhut sagt dazu:

13

---

34 Fingerhut. Die Funktion der Tierfiguren im Werke Franz Kafkas S. 190
35 Fingerhut. Die Funktion der Tierfiguren im Werke Franz Kafkas S. 45
36 Fingerhut. Die Funktion der Tierfiguren im Werke Franz Kafkas S. 50
37 Fingerhut. Die Funktion der Tierfiguren im Werke Franz Kafkas S. 53
38 Fingerhut. Die Funktion der Tierfiguren im Werke Franz Kafkas S. 90

„Allein die Tatsache, dass der menschliche Anspruch auf eine Sonderstellung im Rahmen der Lebewesen auf das im Judentum verachtetste Tier, den Hund, übertragen wird, bedeutet bereits eine starke Abwertung."[39]

Beeinflusst von der jüdischen Tradition ist der Hund aus Kafkas Perspektive keinesfalls als der treue Freund und Begleiter des Menschen anzusehen.[40] Er ist in erster Linie viel mehr das devot-aufdringliche Wesen, das mit seiner Nase und seinem neugiereigen Charakter alles beschmutzt, beschnüffelt und untersucht. Daher ist der Hund an dieser Stelle nicht als der Hund aus heutiger Sicht zu verstehen. Er erscheint vielmehr als ein Bild verachtenswerten Daseins.[41] Allgemein kann der Hund in den Erzählungen Kafkas als ein Zeichen der Hilflosigkeit in einer ausweglosen Lage angesehen werden und bildet ein Chiffre einer gewissen Zwanghaftigkeit.[42]

In der wohl ausführlichsten Darstellung der suchenden Paria-Figur in "Forschungen eines Hundes" ist dies ganz klar die hoffnungslose aber zwanghafte Suche nach der Zugehörigkeit zur außerjüdischen Gesellschaft.

Der Hund wird oft als naive, dumme und treue Kreatur dargestellt, die nicht hinterfragt, sondern als eine Art Mitläufer gesehen werden kann. Diese Attribute treffen zwar nicht auf den ersten Blick auf den Forscherhund zu, aber letztlich scheitert er an all seinen Versuchen sich durch seine Forschung aus der "hündischen" Situation zu befreien und bleibt gezwungener Weise das, was er nun einmal ist, genau, wie ein Zugehöriger des Judentums immer ein Zugehöriger des Judentums bleiben wird, es sei denn, er wendet sich komplett von seiner jüdischen Vergangenheit ab. Sie sind mehr oder weniger, wie die Hunde, den Launen der Mitmenschen ausgesetzt. Die Tiere sind in der Gesellschaft zwanghaft an den Menschen gebunden, er entscheidet, ob und was mit ihm geschieht. Die jüdische Gemeinschaft wird wiederum mal verstoßen, mal nicht verstoßen, und sie können nichts anderes tun, als diese Situation so hinzunehmen. Kafka selbst macht für diese Art des Lebens zum Ende hin seine Urväter verantwortlich und wirft ihnen vor, sie haben nichts gegen das voranschreitende "Hundeleben" unternommen, sondern es einfach hingenommen.

---

39 Fingerhut. Die Funktion der Tierfiguren im Werke Franz Kafkas S. 183
40 Wilhelm Emrich: Franz Kafka S. 215
41 Wilhelm Emrich: Franz Kafka S. 215
42 Fingerhut. Die Funktion der Tierfiguren im Werke Franz Kafkas S. 218

Diese Stelle verdeutlicht die zuvor genannte Hilflosigkeit und Zwanghaftigkeit; da die Urväter nichts unternommen haben, bedeutet das gleichzeitig auch für die heutige jüdische Gesellschaft eine ausweglose Situation.

Das natürliche Wesen eines Hundes besteht wie bereits erwähnt aus dem Umhertrotten, was so auch konkret auf die jüdische Gemeinschaft und die Diaspora bezogen werden kann. Sie leben weit verstreut in der Ferne, aus ihrer eigentlichen Gemeinschaft herausgerissen und haben ihre ursprüngliche Heimat verlassen müssen. Seitdem "trotten" sie mehr oder weniger umher, um einen Platz in der Gesellschaft und das Gefühl von Zugehörigkeit zu finden. Der Hund trottet aber nicht ohne Grund umher. Er wurde mehr oder weniger vom Menschen zu dem gemacht, was er heute ist, ob Jagdhund oder Schoßhund spielt dabei keine konkrete Rolle. Was allerdings der springende Punkt ist, ist das ein Hund in seinem Wesen trotz alle dem noch seinen Urinstinkt beherbergt, der möglicherweise irgendwann einmal eine Gefahr darstellen könnte.

Den Juden wurde Gleiches unterstellt: Sie seien eine Gefahr für die Gesellschaft, da sie angeblich nur den Juden gegenüber loyal sein würden anstatt der gesamten Gesellschaft. Die Juden stellten für die Nazis also den Hauptfeind der arischen Rasse dar und erklärten sie zu einer eigenen "Rasse", die in der Gesellschaft keinen Platz eingeräumt werden soll. Sie hätten einen schädlichen Einfluss auf die Qualität der arischen Rasse gehabt. Aufgrund dieser Annahme und der Vermutung, dass der "Urinstinkt" der Juden niemals "ausgetrieben" werden kann und da er nach Ansicht der Nazis all das, was der Arier nicht war: dunkelhaarig, dunkle Augen, faul und hinterlistig, wurden, wie bekannt ist, viele umgebracht.[43]

Zusammenfassend lässt sich sagen, dass der Leser den Hund auf alle Fälle als eine Darstellung der jüdischen Gemeinschaft lesen und erkennen muss.

15

---

43 http://www.planet-wissen.de/geschichte/nationalsozialismus/nationalsozialistische_rassenlehre/index.html .
Aufgerufen am 18.07.2017 um 16:08 Uhr

3. Schluss

Kafkas "Forschungen eines Hundes" kann im Endeffekt als ein Text gelesen werden, der eine bildhafte Aussage über mehr oder weniger bisher verborgene Wahrheiten des Humanen macht. Der kurze Abriss der Geschichte der Hundeschaft vom "Abirren der Urväter" über das sich konstituierende "berauschende schöne Selbstbewusstsein" bis hin zur Einsicht der Spätgeborenen, dass dieser Weg ein Irrweg gewesen sei, ist eine durchsichtige Kritik an der geistesgeschichtlichen Entwicklung der Menschheit und insbesondere des Judentums, wie sie sich dem Autor darstellt.

Das gewählte Tier des Hundes zeigt, als Zeichen der Auswegslosigkeit, vom ersten Moment an das Ergebnis, zu dem die Forschungen sowie die eigentliche Erzählung führen; nämlich die Undurchführbarkeit einer neuen Existenz, die es unmöglich macht als Jude in einer Nicht-Jüdischen Gesellschaft zu leben und zu existieren.

Die "Forschungen eines Hundes" sind somit nicht konkret als Forschung und Wissenschaft zu verstehen, sondern vielmehr als das Verfolgen eines hartnäckigen Instinkts und stehen eng mit Kafkas eigenen Bemühungen und Selbsterkenntnis in Verbindung.

16

4. Literaturverzeichnis

Primärliteratur:

- Franz Kafka. Beschreibung eines Kampfes, Novellen Skizzen, Aphorismen aus
  dem Nachlass. Gesammelte Werke. Herausgegeben von Max Brod.
  Taschenbuchausgabe in sieben Bänden. Fischer Taschenbuch Verlag. Frankfurt,
  1983

Sekundärliteratur:

- Harald Neumeyer, Wilko Steffens: Kafkas narrative Verfahren und Kafkas Tiere.
  Band drei und vier in Forschungen der Deutschen Kafka Gesellschaft. Unter
  Mitarbeit von Kristina Joost und Christina-Marie Steffens. Verlag Königshausen
  und Neumann GmbH, Würzburg 2015.

- Karl-Heinz Fingerhut: Die Funktion der Tierfiguren im Werke Kafkas. Offene
  Erzählgerüste und Figurenspiele. In: Abhandlungen zur Kunst-, Musik- und
  Literaturwissenschaft Band 89. H.Bouvier u. Co Verlag. Bonn 1969

- Wilhelm Emrich: Franz Kafka. Dritte durchgesehene Auflage. Athenäum Verlag.
  Frankfurt am Main. 1964

Quellen:

http://www.patrick-kuebler.de/essays/forschungen.php